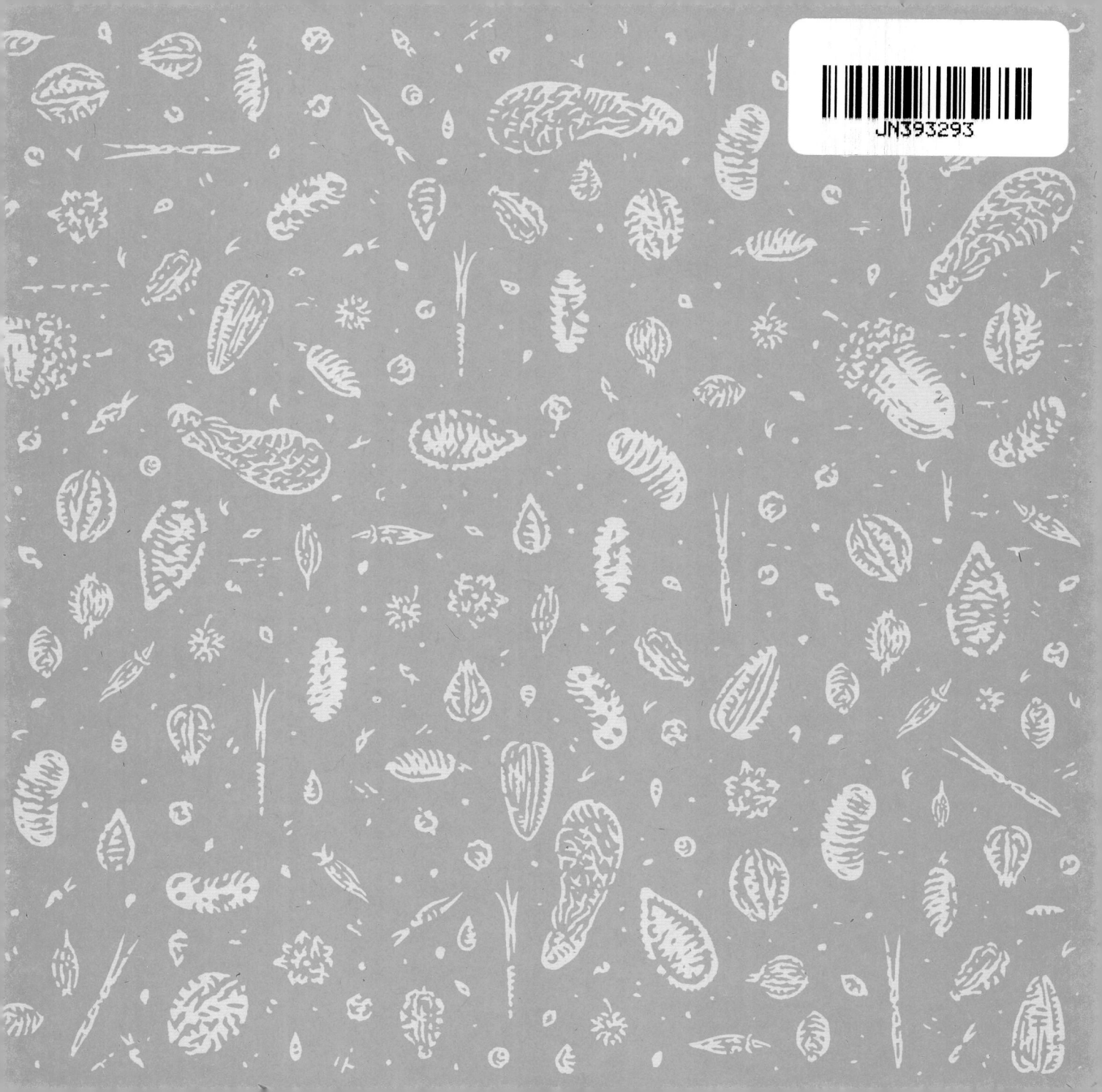

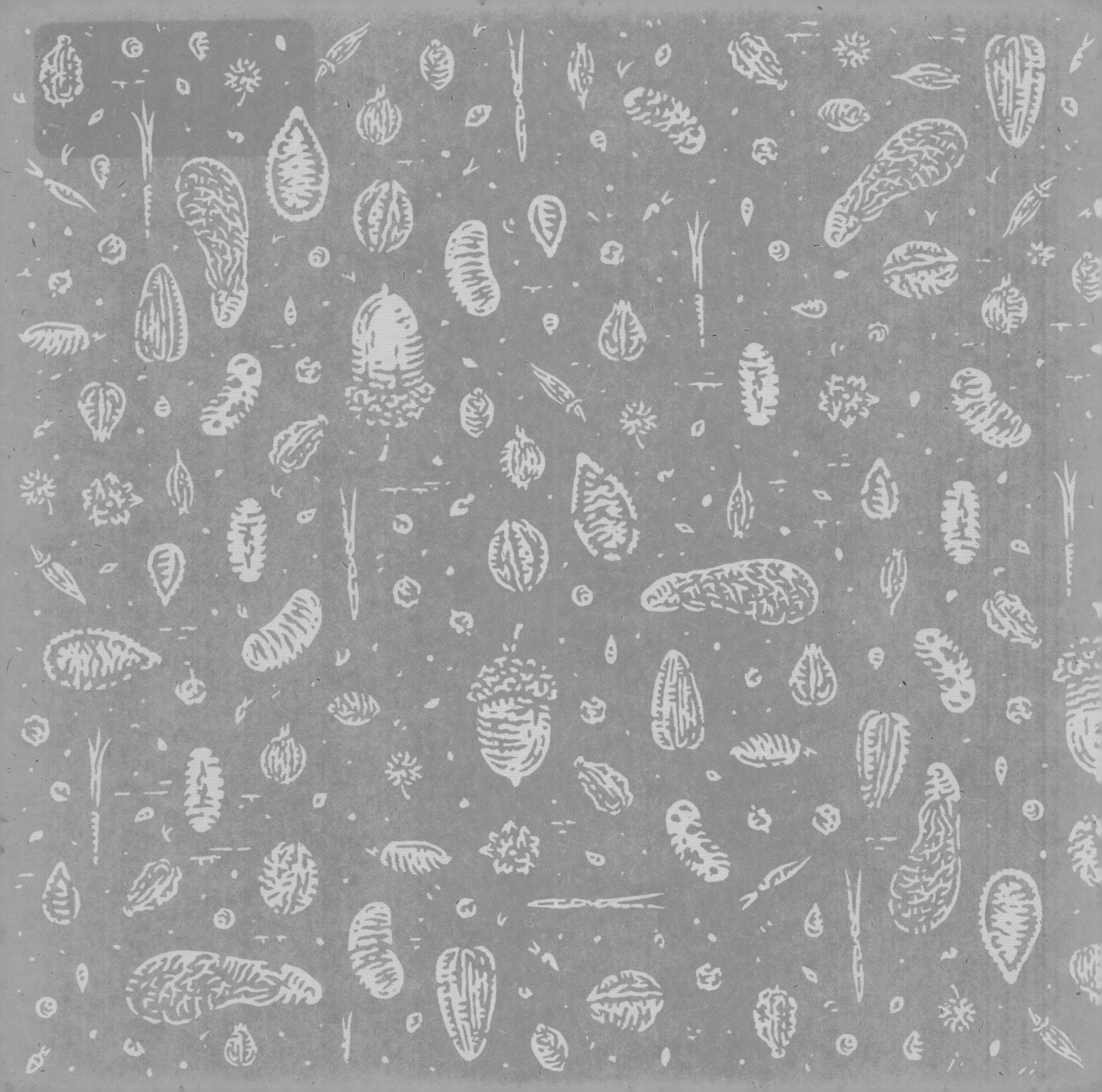

씨 뿌리는 자

씨 뿌리는 자

초판 1쇄 인쇄 2022년 9월 1일
초판 1쇄 발행 2022년 9월 27일
글 스콧 제임스
그림 스티븐 크로츠
옮김 김기석
기획 교사선교회 출판위원회
편집 강민영 김선희
디자인 정선형
제작 김혜정 이광우
총무 이성경
인쇄 ㈜한국학술정보

펴낸곳 템북
펴낸이 김선희
주소 인천 중구 신도시남로142번길 6, 402호
전화 032-752-7844
팩스 032-752-7840
이메일 tembook@naver.com
홈페이지 tembook.kr
출판등록 2018년 3월 9일 제2018-000006호
ISBN 979-11-89782-57-3 77230

『씨 뿌리는 자』 오디오북
김기석 낭독

The Sower
Text copyright © 2022 by Scott James
Illustrations copyright © 2022 by Stephen Crotts
Published by Crossway
a publishing ministry of Good News Publishers
Wheaton, Illinois 60187, U.S.A.
This edition published by arrangement
with Crossway through rMaeng2, Seoul, Republic of Korea.
All rights reserved.

이 한국어판의 저작권은 알맹2 에이전시를 통하여 Crossway와 독점 계약한 템북TEMBOOK에 있습니다.
저작권법에 의하여 한국 내에서 보호받는 저작물이므로 무단 전재와 무단 복제를 금합니다.

⚠ 주의: 종이에 베이거나 긁히지 않도록 조심하세요. 책 모서리가 날카로우니, 던지거나 떨어뜨리지 마세요.

씨 뿌리는 자

스콧 제임스 지음

스티븐 크로츠 그림

김기석 옮김

땅이 싹을 내며,
동산이 거기에 뿌려진 것을 움트게 하듯이,
주 하나님께서도 모든 나라 앞에서 의와 찬송을
샘 솟듯이 솟아나게 하실 것이다.

이사야 61장 11절

서문

어릴 적 나는 흙을 좋아했습니다. 강과 폭포를 만들려고 작은 도랑을 파서 호스로 물을 채우고, 진흙탕이 될 때까지 지켜보곤 했습니다. 어릴 적 나는 나무를 사랑했습니다. 흙 위로 드러난 나무뿌리에 앉아 책을 읽거나 울긋불긋한 나뭇잎 더미를 보면 그 위로 뛰어들곤 했습니다. 어릴 적 나는 눈을 좋아했습니다. 일몰과 초승달, 바람에 일렁이는 옥수수밭을 좋아했고, 그 바람이 폭풍으로 바뀔 때 울리는 천둥소리를 좋아했습니다.

성경은 하나님이 세상을 지으셨고, 그렇기 때문에 세상이 그분의 것이라고 말합니다. 하나님은 그분이 지으신 것들을 사랑하십니다. 또한 우리가 흙과 물, 나무, 눈, 천둥 등 그분이 지으신 것들을 사랑할 때 기뻐하십니다. 그분은 우리의 기쁨을 자신의 기쁨으로 여기는 정원사와 같은 분입니다.

이 책은 하나님이 세상과 우리를 어떻게 새롭게 하시는지 들려줍니다. 이 책을 다 읽으면 책장을 덮고 밖으로 나갑시다. 아름다운 세상과 망가진 세상을 천천히 바라보면서 우리 안에서 자라고 있는 것과 우리를 에워싸고 있는 것을 생각하며 그분을 찬양합시다. 흙에 뭔가를 심고, 그 위에 하나님이 하시는 일을 살펴봅시다.

예수님은 하나님의 나라가 마치 씨앗과 같다고 말씀하셨습니다. 당신도 그렇습니다.

앤드루 피터슨 『윙페더 사가』의 저자

어둠 속에서 목소리가 들려왔습니다.
빛과 생명으로 가득 찬, 씨 뿌리는 자의 음성이었습니다.
그는 말씀으로 씨앗을 심었고,
그의 정원은 점점 풍성해졌습니다.

씨앗은 갓 태어난 지구에 깊이 뿌리를 내렸습니다.
가지마다 열매가 맺혔고, 그 열매는 아름다웠습니다.
씨 뿌리는 자는 마음이 넉넉해서 정원을 사람들과 함께 거닐고 싶었습니다.
그는 말씀으로 씨앗을 뿌렸고,
사람들은 정원과 함께 자랐습니다.

남자와 여자는 시냇가에 심은 나무처럼
생명력이 넘쳤습니다.
그들은 씨 뿌리는 자의 목소리를 좋아했습니다.
그의 말씀은 생명을 주었습니다.

그런데 다른 목소리가 그들의 귀를 간지럽혔습니다.
그 목소리는 씨 뿌리는 자를 너무 믿지 말라고 속삭였습니다.
남자와 여자는 씨 뿌리는 자를 의심했습니다.
그렇게 해서 첫 번째 나쁜 열매가 맺혔습니다.
그들은 씨 뿌리는 자가 정말로 좋은 자인지 믿을 수 없었습니다.

사람들이 씨 뿌리는 자의 목소리를 들으려 하지 않자
그들의 마음이 점점 어둡고 딱딱해졌습니다.
그들은 생명의 근원에서 점점 멀어져
부러진 나뭇가지처럼 시들고 말았습니다.

땅에는 씨 뿌리는 자의 목소리보다 자기 목소리를 더 사랑하는 사람들로 가득 찼습니다.
어둠 속에서 사람들의 죄와 슬픔이 점점 커졌고,
두려움과 부끄러움도 함께 자랐습니다.
고통이 널리 퍼져 나갔습니다.
세상은 메말라 열매 맺지 못하는 땅이 되어 버렸습니다.

그러나 씨 뿌리는 자는 성실한 농부처럼 창조하는 일을 계속했습니다.
그는 사람의 마음에 말하는 법이 땅을 경작하는 것과 같다는 것을 알았습니다.
그래서 새로운 생명이 움터 나올 때까지 빛을 비추고 영양분을 주었습니다.
이것은 처음부터 그가 약속한 것이었습니다.

씨 뿌리는 자는 거칠고 메마른 땅에 희망의 씨앗이 담긴 강력한 목소리를 보냈습니다.
처음에 그는 자신의 사랑을 전하는 사람들을 통해서 말했고,
나중에는 그가 직접 우리에게 왔습니다.
씨 뿌리는 자의 말씀은 사람의 몸이 되어 우리와 함께 거닐었습니다.
그는 씨앗을 뿌렸고, 손수 땅을 가꾸었습니다.

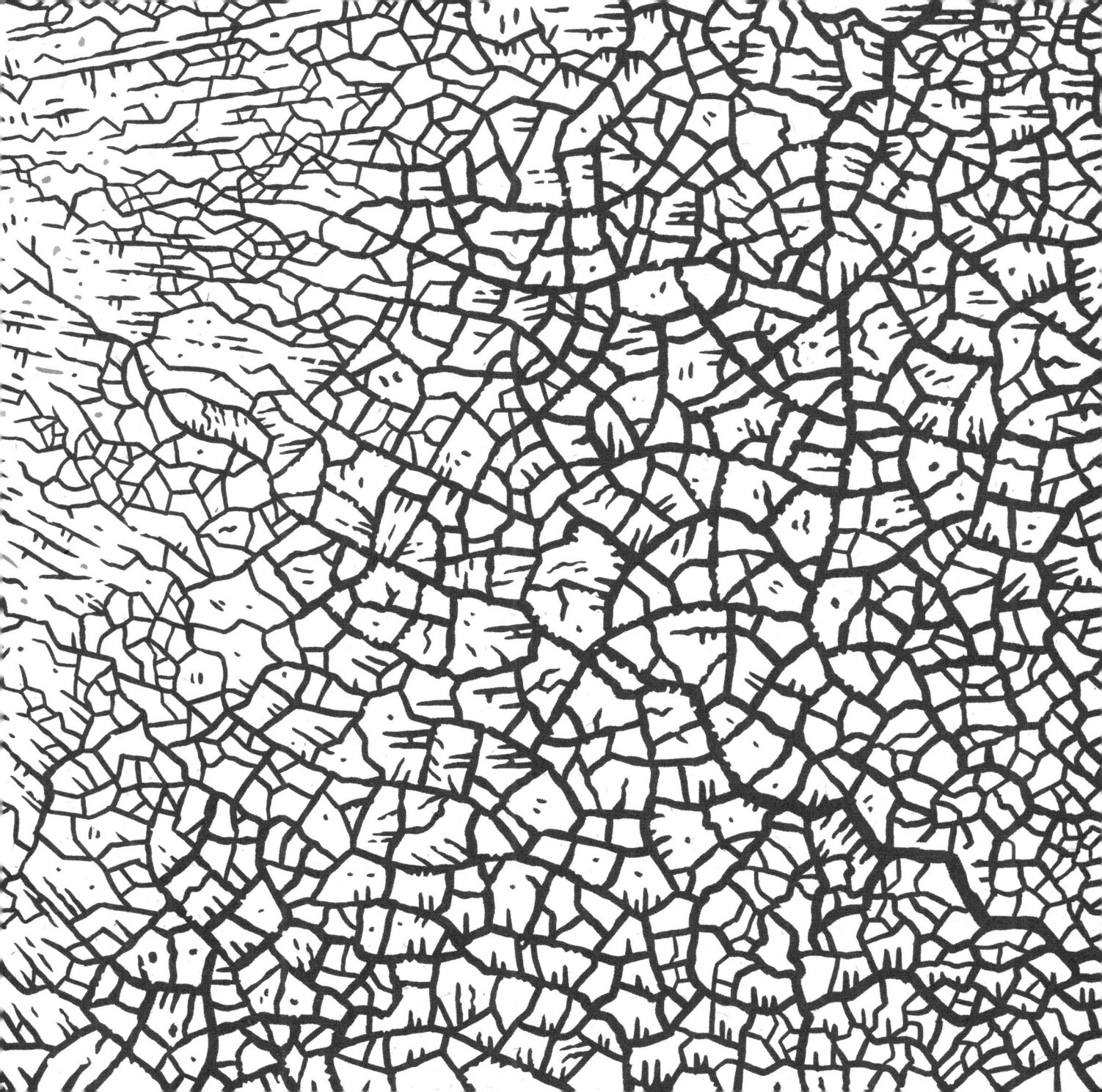

그는 사람들의 병든 마음을 고치려고
그들의 마음을 끌어안아 자신의 것으로 삼았습니다.
씨앗이 땅에 묻히는 것처럼, 그도 그렇게 땅에 묻혔습니다.

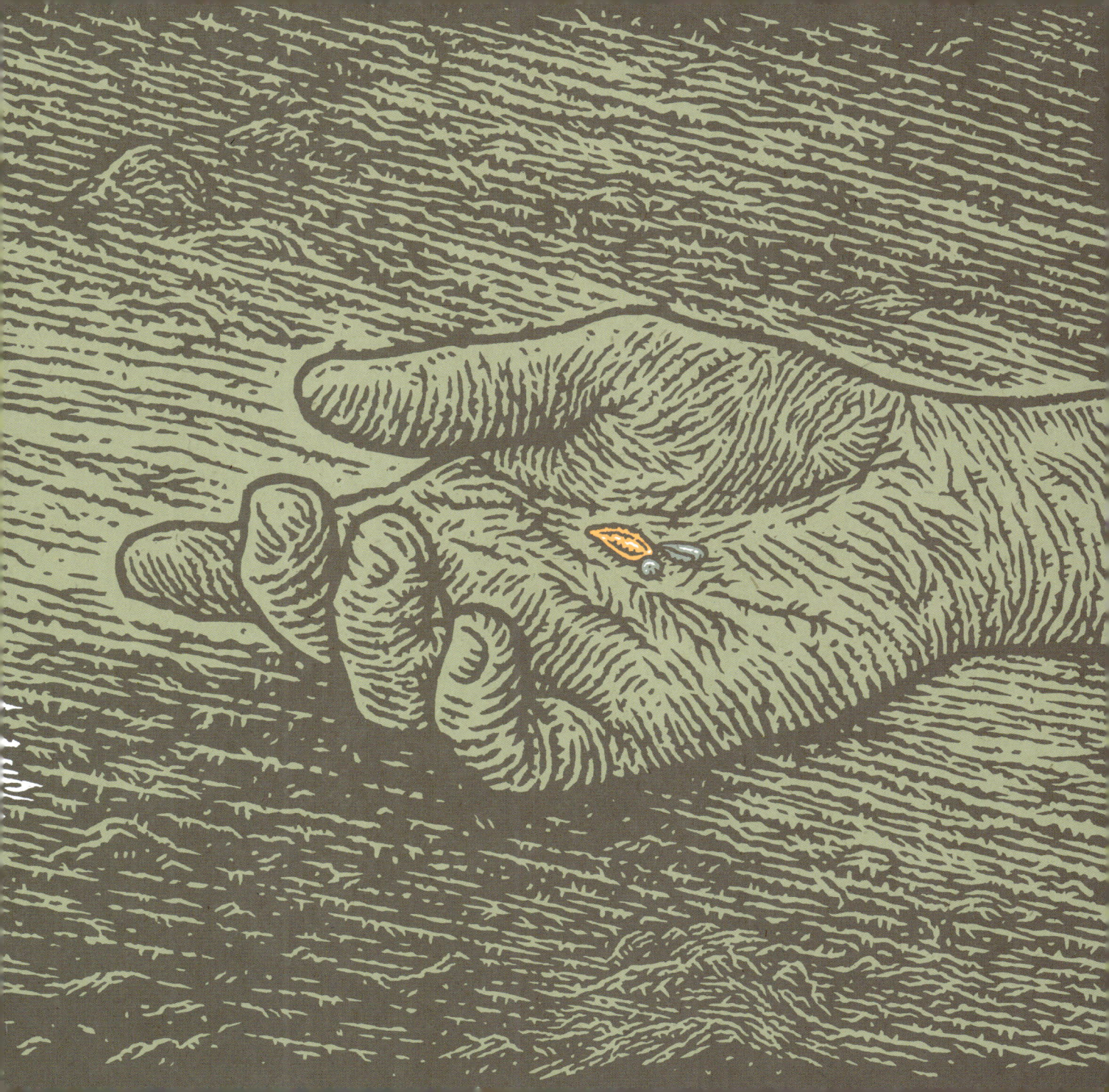

그런데 씨앗을 땅에 심으면 어떤 일이 일어날까요?
힘 있는 말씀이 땅에 떨어지자
그 씨앗은 새로운 생명으로 자라서
나무에 새로운 가지가 돋아나게 했습니다.
사람들이 그와 함께 갈 수 있는 길을 만들었습니다.

씨 뿌리는 자는 사람들을 사랑으로 돌보았습니다.
그들의 마음을 열어 그 안에 자신의 목소리를 심었습니다.
말씀의 씨앗을 심은 것입니다.
그리고 이 씨앗은 자라서 믿음과 소망과 사랑이 되었습니다.

그의 목소리가 뿌려지는 곳마다 새로운 생명이 탄생했고,
한때 메말랐던 가지에는 달콤한 향기가 나는 열매가 열렸습니다.
어떤 이들은 고통스러운 시간을 거치기도 했지만, 또 어떤 이들은 곧 마음을 열었습니다.
씨 뿌리는 자의 말씀은 가는 곳마다 사람들을 낫게 해 주었습니다.

가뭄이 땅을 메마르게 하고
겨울바람이 눈으로 땅을 뒤덮었습니다.
하지만 씨 뿌리는 자의 말씀을 따라 사는 사람들은
깊이 뿌리를 내리고 굳건히 서 있었습니다.

때가 되자 사람들은 씨 뿌리는 자가 그랬던 것처럼 꽃을 피웠고
말씀의 씨를 바람에 실어 세상 곳곳에 보냈습니다.
씨 뿌리는 자의 돌봄으로 그들도 씨 뿌리는 사람이 된 것입니다.
사람들은 씨를 뿌리고 물을 주면서 그가 새로운 생명을 주어 자라게 할 것을 믿었습니다.

지금도 씨 뿌리는 자는 놀라운 능력으로 우리를 부르고,
세상은 거기에 화답하여 사랑의 노래를 부릅니다.
한때 우리가 잃어버렸던 정원은 다시 새로워지고 있습니다.
언젠가 우리는 거기서 그와 함께 살 것입니다.
우리가 그의 목소리를 듣는 것처럼
그와 얼굴을 마주할 때가 마침내 올 것입니다.

"어둠 속에 빛이 비쳐라" 하고 말씀하신 하나님께서,
우리의 마음 속을 비추셔서,
[예수] 그리스도의 얼굴에 나타난
하나님의 영광을 아는 지식의 빛을 우리에게 주셨습니다.

고린도후서 4장 6절

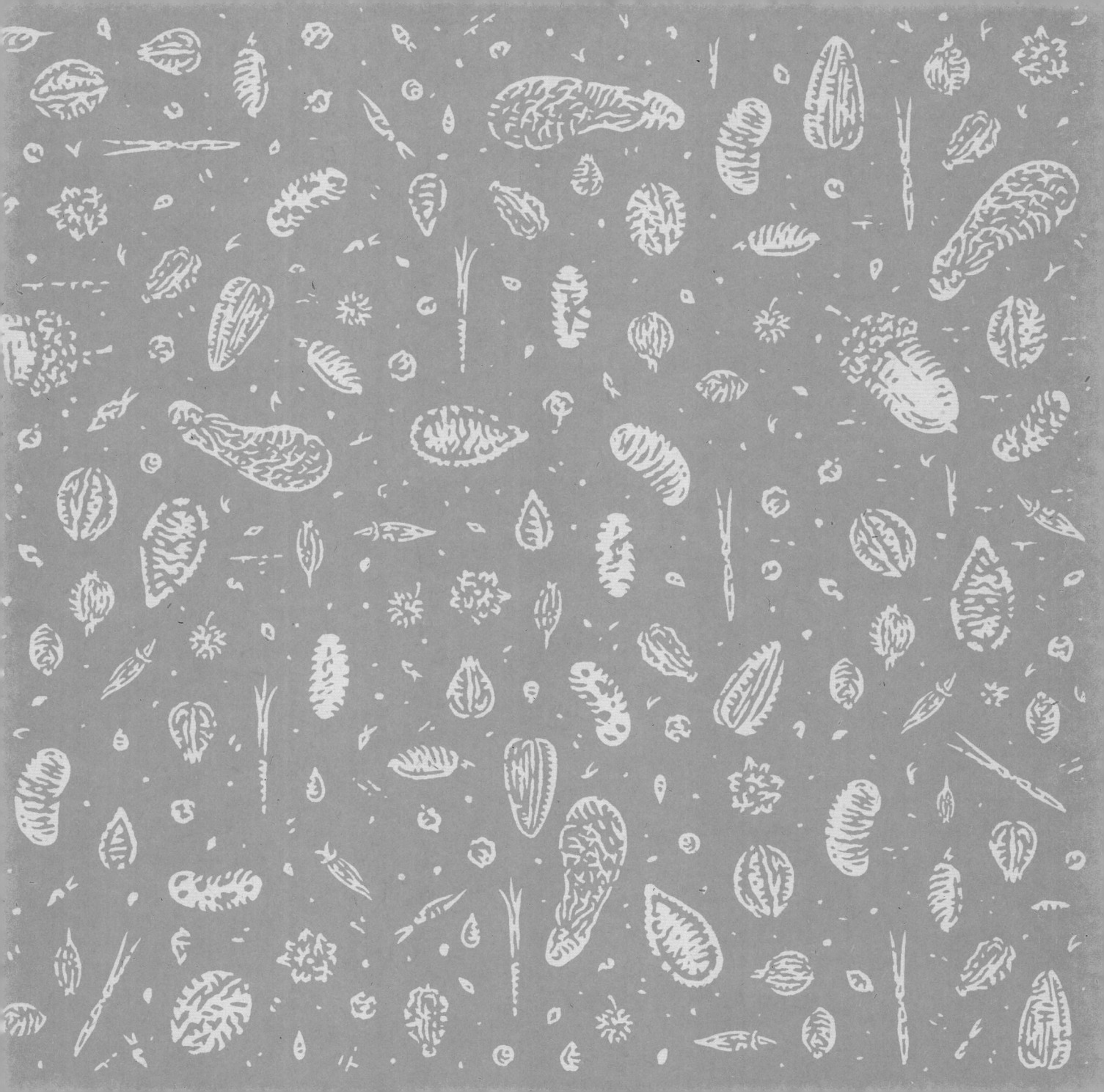

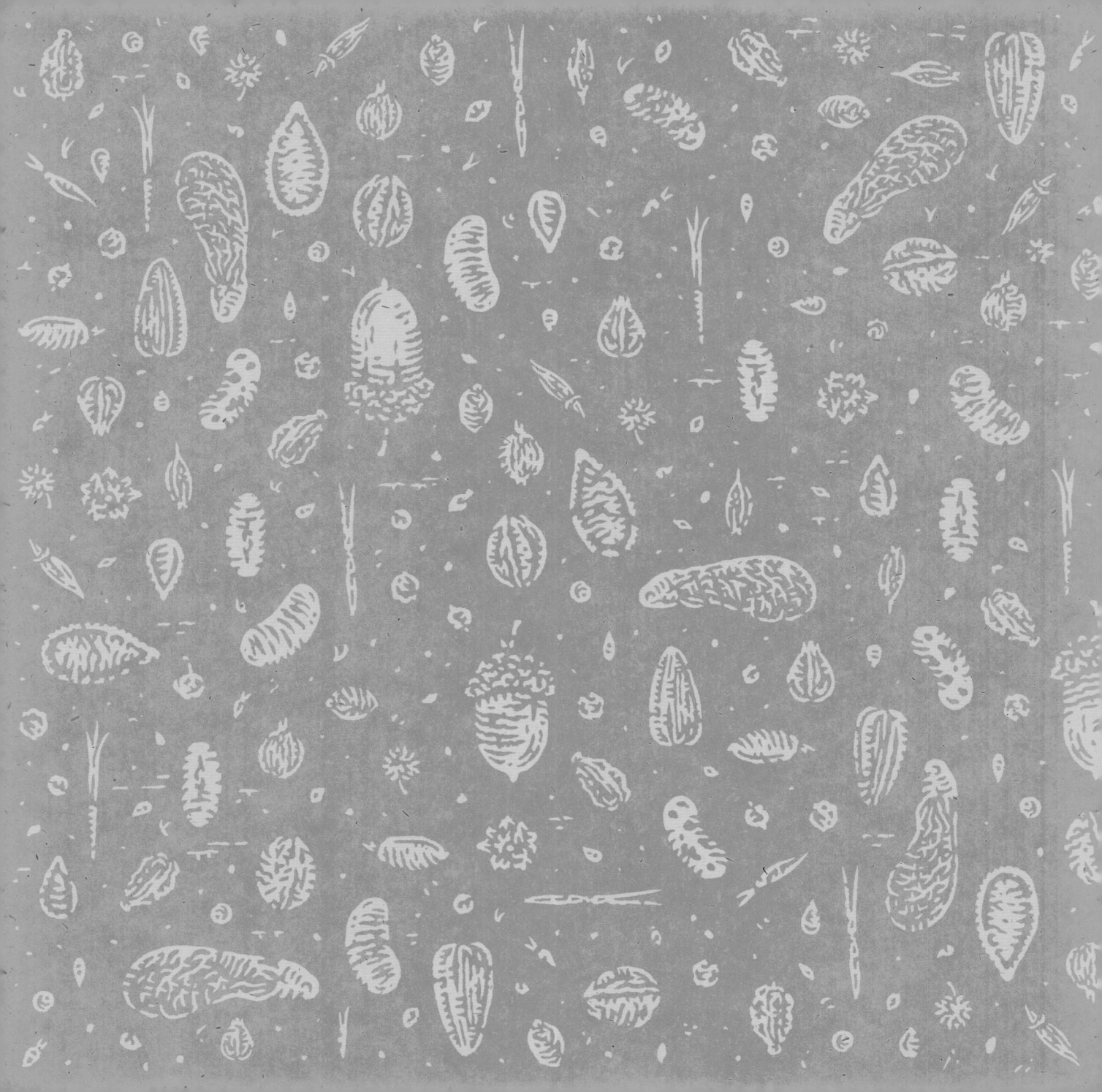